# COACHING DES EMPLOYÉS POUR LES MANAGERS

# COACHING DES EMPLOYÉS POUR LES MANAGERS

Série " Compétences en gestion pour les gestionnaires "
Par : D.K. Hawkins
Version 1.1 ~septembre 2021
Publié par D.K. Hawkins sur KDP
Copyright ©2021 par D.K. Hawkins. Tous droits réservés.

Aucune partie de cette publication ne peut être reproduite, distribuée ou transmise sous quelque forme ou par quelque moyen que ce soit, y compris la photocopie, l'enregistrement ou d'autres méthodes électroniques ou mécaniques ou par tout système de stockage ou de récupération de l'information, sans l'autorisation écrite préalable des éditeurs, sauf dans le cas de très brèves citations incorporées dans des critiques et de certaines autres utilisations non commerciales autorisées par la loi sur le droit d'auteur.

Tous droits réservés, y compris le droit de reproduction totale ou partielle sous quelque forme que ce soit.

Toutes les informations contenues dans ce livre ont été soigneusement recherchées et vérifiées quant à leur exactitude factuelle. Toutefois, l'auteur et l'éditeur ne garantissent pas, de manière expresse ou implicite, que les informations contenues dans ce livre conviennent à chaque individu, situation ou objectif et n'assument aucune responsabilité en cas d'erreurs ou d'omissions.

Le lecteur assume le risque et l'entière responsabilité de toutes ses actions. L'auteur ne sera pas tenu responsable de toute perte ou dommage, qu'il soit consécutif, accidentel, spécial ou autre, pouvant résulter des informations présentées dans ce livre.

Toutes les images sont libres d'utilisation ou achetées sur des sites de photos de stock ou libres de droits pour une utilisation commerciale. Pour ce livre, je me suis appuyé sur mes propres observations ainsi que sur de nombreuses sources différentes, et j'ai fait de mon mieux pour vérifier les faits et accorder le crédit qui leur est dû. Dans le cas où du matériel serait utilisé sans autorisation, veuillez me contacter afin que l'oubli soit corrigé.

Les informations fournies dans ce livre le sont à titre informatif uniquement et ne sont pas destinées à être une source de conseils ou d'analyse de crédit en ce qui concerne le matériel présenté. Les informations et/ou documents contenus dans ce livre ne constituent pas des conseils juridiques ou financiers et ne doivent jamais être utilisés sans avoir consulté au préalable un professionnel de la finance afin de déterminer ce qui convient le mieux à vos besoins individuels.

L'éditeur et l'auteur ne donnent aucune garantie ou autre promesse quant aux résultats qui peuvent être obtenus en utilisant le contenu de ce livre. Vous ne devez jamais prendre de décision d'investissement sans consulter au préalable votre propre conseiller financier et sans effectuer vos propres recherches et diligences. Dans toute la mesure permise par la loi, l'éditeur et l'auteur déclinent toute responsabilité dans le cas où les informations, commentaires, analyses, opinions, conseils et/ou recommandations contenus dans ce livre s'avéreraient inexacts, incomplets ou peu fiables, ou entraîneraient des pertes d'investissement ou autres.

Le contenu de ce livre n'est pas destiné à et ne constitue pas un conseil juridique ou un conseil en investissement et aucune relation avocat-client n'est établie. L'éditeur et l'auteur fournissent ce livre et son contenu sur une base "telle quelle". Vous utilisez les informations contenues dans ce livre à vos propres risques.

# TABLE DES MATIÈRES.

TABLE DES MATIÈRES..................................................................4

INTRODUCTION.............................................................................6

CHAPITRE 1 ...................................................................................10

    **Comment les managers efficaces mobilisent leurs employés.**
..........................................................................................................10

CHAPITRE 2 ...................................................................................24

    **Les managers doivent continuellement développer leurs employés.** ...............................................................................24

CHAPITRE 3 ...................................................................................32

    **Gérer les conflits interpersonnels au sein des employés.....32**

CHAPITRE 4 ...................................................................................39

    **Comment prévenir l'intimidation des employés sur le lieu de travail.** .......................................................................................39

CHAPITRE 5 ...................................................................................47

    **Comment faire en sorte que vos employés travaillent en équipe.** ........................................................................................47

CHAPITRE 6 ...................................................................................53

    **Comment gagner le respect, la loyauté et la confiance de vos employés.** ................................................................................53

CHAPITRE 7 ...................................................................................63

    **L'importance de donner du feedback aux employés.** ..........63

CHAPITRE 8 ...................................................................................71

    **Développer un plan de coaching écrit pour les employés. ..71**

CONCLUSION. ...............................................................................76

# INTRODUCTION.

L'une des questions les plus importantes qu'un manager puisse se poser est la suivante :

Est-ce que j'exprime régulièrement ma gratitude pour les capacités et les réalisations des autres ?

Les managers intelligents sur le plan émotionnel tiennent sincèrement à ce que leurs employés mènent une vie saine, heureuse et productive au travail et à la maison.

Êtes-vous un manager qui donne l'exemple d'une gestion saine du stress en favorisant un environnement et un climat d'appréciation authentique ?

Êtes-vous capable de créer un lieu de travail très performant où les employés sont émotionnellement investis ?

Avez-vous une culture organisationnelle qui valorise l'expression régulière de la gratitude envers tous ses employés ?

Les gestionnaires de l'organisation encouragent-ils la gestion du stress et le bien-être général?

Résilience.

Le stress peut être réduit en cultivant un état mental positif avant, pendant et après les situations stressantes. Vous pouvez acquérir des techniques spécifiques pour recentrer votre esprit avant de subir un stress. Il est possible de minimiser le temps et l'énergie nécessaires pour atteindre un esprit calme et réfléchi.

D'après les recherches, les techniques d'expression de la gratitude peuvent contribuer à réduire la production de cortisol (l'hormone du stress). Il a été démontré que des expressions régulières de gratitude abaissent la pression artérielle, équilibrent les hormones et augmentent les anticorps qui combattent les agents pathogènes générateurs de stress dans l'organisme.

La reconnaissance des forces et des talents des employés et l'expression de leur gratitude sont des éléments essentiels de la gestion du stress. Les programmes de coaching et de mentorat peuvent aider les organisations à développer des cultures d'entreprise et des environnements de travail sains qui favorisent l'innovation, la productivité, les performances de pointe et l'engagement total.

Selon les chercheurs, l'expression de la gratitude sur le lieu de travail réduit le stress et stimule les performances. Les chefs d'entreprise peuvent cultiver un état d'esprit d'appréciation en se concentrant sur ce que chaque employé fait au moment présent.

Ils peuvent éprouver une grande joie et un sentiment d'accomplissement lorsqu'ils voient le visage des employés s'illuminer et qu'ils sentent que leur contribution importante est reconnue par la direction. Montrer son appréciation génère de l'énergie émotionnelle, ce qui contribue à développer une main-d'œuvre heureuse, productive et résistante au stress.

Vous pouvez devenir un manager qui fait preuve d'intelligence émotionnelle et sociale et qui inspire les gens à s'engager avec joie dans la stratégie et la vision de votre entreprise.

Êtes-vous prêt ? Commençons.

# CHAPITRE 1

## *Comment les managers efficaces mobilisent leurs employés.*

Le leadership au niveau de la direction est un jeu à enjeux élevés. Aujourd'hui, de nombreux PDG évitent de communiquer avec leurs clients et leurs employés. On a demandé à feu le fondateur de Walmart, Sam Walton, pourquoi il passait un jour par semaine dans son bureau et le reste de la semaine dans ses magasins avec les employés.

M. Walton a répondu qu'il était conscient du fait qu'il passait trop de temps au bureau, mais qu'il n'était pas trop vieux pour améliorer ses propres compétences de gestion. Si vous ne rencontrez pas régulièrement vos employés, que ce soit en groupe ou individuellement, vous laissez passer une occasion importante d'influencer leur réussite.

Considérez l'obstacle le plus important auquel les managers sont confrontés quotidiennement alors que nous entamons cette discussion sur le coaching formel. Il est légal. Tout le monde est occupé et a beaucoup à faire. Une entreprise s'appuie sur trois ressources importantes pour fournir des services à ses clients.

Les ressources en capital - l'aspect financier ou l'argent de l'entreprise.

Les ressources matérielles - les biens et services offerts par l'entreprise.

Les ressources humaines - définies comme les "personnes" et le potentiel intellectuel et personnel qu'elles représentent.

Les ressources humaines - en d'autres termes, les personnes sont la composante la plus importante de toute entreprise. Les individus font travailler le capital et les actifs matériels de l'entreprise et prennent des décisions créatives sur la façon de le faire de manière efficace et efficiente.

La question est de savoir pourquoi un manager refuse d'investir du temps dans les personnes. La pire réalité est que beaucoup trop de mauvais patrons sont tellement absorbés par leur sentiment de suffisance qu'ils n'ont guère envie de se mêler ou d'interagir avec leurs employés.

Une entreprise avec laquelle nous avons collaboré a illustré ce dilemme. Après avoir parlé avec les employés et visité leurs espaces de travail, ils nous ont demandé de convaincre leur directeur de "nous écouter et de comprendre ce que nous essayons d'accomplir".

Ils ont affirmé qu'il passait toute la journée à envoyer des courriels incendiaires et à compiler des rapports minutieux. Ils souhaitaient qu'il ouvre la porte de son bureau, qu'il sorte de son bureau et qu'il communique avec eux.

Le coaching formel dans le cadre de réunions individuelles permet aux managers de communiquer avec les employés de manière cohérente. Un entretien individuel doit être mené en privé et peut durer de cinq à soixante minutes, selon les besoins de l'employé. Plus les entretiens individuels sont fréquents, moins ils prennent de temps.

Les séances de coaching individuel profitent à l'entreprise et à ses managers de différentes manières, telles que:

- Améliorer l'efficacité de la communication.
- Aider à la gestion quotidienne des performances.
- Fournir des opportunités de formation et de coaching.
- Établir une relation employé-patron.
- Créer un environnement propice à l'amélioration continue.
- Se concentrer sur le développement futur.
- Aider les entreprises et les employés à atteindre et à dépasser leurs objectifs.

De plus, les employés bénéficient d'interactions individuelles:

- Créer une opportunité pour une communication accrue et améliorée.

- Augmenter la probabilité de recevoir une reconnaissance fréquente et immédiate.
- Réduire l'anxiété liée au travail et favoriser une attitude positive envers le travail.
- Prévenir les problèmes.
- Aider les employés à faire progresser leur carrière.
- Contribuer au développement de relations de travail plus solides.
- Améliorer les performances individuelles.

En soi, la communication en fait une activité intéressante. Les patrons efficaces communiquent efficacement et engagent leurs employés par le biais d'une interaction individuelle. Un entretien individuel est une forme concentrée de coaching formel.

## À quelle fréquence un manager doit-il organiser des réunions en tête-à-tête?

Il peut s'agir d'une question controversée, d'autant plus que les entreprises s'orientent vers des équipes autogérées et la responsabilisation des employés. D'après l'expérience, plus un employé a d'interactions avec les clients, plus les entretiens individuels sont nécessaires.

Certaines entreprises en organisent quotidiennement, car leurs employés interagissent avec entre 50 et 200 clients par jour. Cette activité suscite un sentiment d'urgence, d'importance et de complexité qui peut être abordé en tête-à-tête pour s'assurer que les clients sont toujours bien servis.

Dans ce type d'environnement, les conversations en tête-à-tête sont brèves. D'autres entreprises organisent des réunions individuelles chaque semaine ou chaque mois, car leurs employés ont moins de contacts avec les clients. Dans ces cas, les séances individuelles durent entre 30 et 60 minutes. Vous devrez évaluer vos besoins à la lumière de votre situation particulière.

Vous pouvez attendre des résultats positifs d'un investissement dans un coaching individuel, tels que:

- Atteindre ou dépasser les objectifs des employés.

- Participation et innovation accrues des employés
- La satisfaction des employés est accrue.
- Produits supérieurs
- Augmentation de la satisfaction des clients.
- Augmentation des ventes, des bénéfices et du contrôle des coûts.

Faites en sorte que vos employés sachent clairement et précisément ce que vous attendez d'une réunion individuelle. Lorsque vous planifiez la réunion, informez les participants qu'ils doivent être prêts à accomplir les tâches suivantes.

- Discutez des objectifs, des activités et des résultats.
- Discutez du plan d'action futur.
- Fournir des solutions à chaque problème ou difficulté.
- Maintenir une attitude positive et être respectueux.

Les rencontres individuelles sont fructueuses lorsque les managers tiennent leurs engagements et réservent du temps dans leur emploi du temps pour rencontrer les employés. Cela exige de l'organisation et des plans d'urgence pour les cas où les choses ne se déroulent pas comme prévu.

Les managers doivent prendre et conserver des notes détaillées pendant les réunions individuelles avec les employés et se tenir au courant des mesures et des objectifs pour chaque employé et chaque service.

Lorsque les plans changent ou qu'une réunion doit être annulée, un suivi immédiat est essentiel. On peut demander à un autre responsable de prendre des nouvelles des employés si nécessaire. Bien que ce soit moins personnel, les séances individuelles peuvent être menées par téléphone si vous êtes géographiquement séparés.

Privilégiez la communication en tête-à-tête avec un employé. Une conversation en tête-à-tête se déroule essentiellement de la même manière au téléphone qu'en personne. La responsabilité d'un manager est d'être accessible. Seules les urgences ou les vacances devraient empêcher ces rencontres d'avoir lieu.

Établissez un calendrier et respectez-le. Si vous ne pouvez pas assister à la réunion, ayez un plan de secours en place. Assurez-vous que la réunion est exempte d'interruptions ou de distractions (fermez la porte du bureau et n'acceptez pas d'appels entrants).

Gardez vos notes à portée de main pour revoir vos performances quotidiennes et les engagements pris lors de réunions précédentes. Assurez-vous que la réunion se déroule dans un esprit de collaboration. L'employé doit percevoir la réunion comme bénéfique plutôt que comme une perte de temps, une vérification ou une évaluation.

La façon dont vous conduisez l'entretien individuel est essentielle. Votre objectif doit être de développer l'employé, et non de le punir ! C'est ce que font les bons patrons, tandis que les mauvais patrons font le contraire.

Mettez un point d'honneur à être utile et à développer vos employés, plutôt qu'à être destructeur et immobilisant. Gardez à l'esprit que votre objectif est une performance élevée, et non le ressentiment. Les individus ont besoin d'être encadrés, pas de critiques destructives.

Les bons patrons encadrent efficacement leurs subordonnés et leur insufflent le désir de réussir. Les mauvais patrons ont un sentiment de suffisance et suscitent le ressentiment et la défensive chez les autres ; ils ne cherchent pas à être de bons coachs.

Indique que vous êtes à la recherche de solutions.

Engagez les employés dans un dialogue sur leurs progrès vers leurs objectifs, leurs domaines de développement ou leurs problèmes. Recueillez d'abord leurs points de vue et leurs idées, puis ajoutez les vôtres. Cela signifie que vous adhérez aux plans et aux engagements.

Prenez des notes pour enregistrer votre conversation. Demandez aux employés d'adopter un comportement similaire afin de pouvoir évaluer les progrès lors des prochaines réunions et de suivre les plans d'action convenus d'un commun accord. Le schéma suivant détaille les étapes et les sujets à aborder lors d'une séance de coaching individuel.

Étape 1 - Préparation de la réunion (plans d'action, chiffres, objectifs, etc.)

Étape 2 - Commencez par un mot d'accueil (soyez positif, faites un brin de causette, assurez l'intimité).

Étape 3 - Rappeler aux employés de réaffirmer leurs objectifs et de faire état de leurs progrès et de leurs réalisations.

Reconnaître les progrès, saluer les performances exceptionnelles et identifier les domaines à améliorer.

- Comment s'est passée votre journée, votre semaine ou votre mois ?
- Où en êtes-vous avec vos objectifs et vos plans d'action ?

- Qu'est-ce qui s'est bien passé ?
- Qu'est-ce qui a mal tourné?

Étape 4 - Interroger l'employé sur la façon dont il a fait ses choix et sur les raisons de ces choix.

- Comment avez-vous raisonné ?
- Quelles mesures avez-vous prises par la suite ?
- Qu'est-ce que vous auriez pu faire de mieux ?
- Que pourraient-ils faire différemment ou plus efficacement la prochaine fois ?
- Comment pouvez-vous aider les autres plus efficacement à l'avenir?

Étape 5 - Recherchez des solutions et élaborez une nouvelle stratégie pour améliorer les résultats.

- Quelles suggestions avez-vous pour la prochaine fois ?
- Que pensez-vous de ce concept ?
- Êtes-vous réceptif aux suggestions ?
- Avez-vous envisagé d'essayer ? Voici ma recommandation.

Étape 6 - Donner suite aux plans et aux engagements.

- Assurez-vous de revoir les points d'action importants de la réunion précédente.
- Établissez de nouveaux objectifs et étapes d'action.

Étape 7 - Concluez votre discussion et formulez un plan d'action.

Étape 8 - Réunissez-vous et exprimez votre gratitude pour leurs efforts. Vérifiez que vous respectez vos engagements.

Une séance individuelle est axée sur une communication efficace. Vous discutez des objectifs, des attentes, des difficultés et des solutions à ces difficultés. Vous renforcez positivement les efforts des employés tout en abordant directement et sans détour les problèmes de performance. Vous aidez les employés à développer les compétences et les attitudes nécessaires pour bien faire leur travail et obtenir les meilleurs résultats.

Au cours de séances individuelles, vous apprenez aux employés à penser de manière stratégique lorsqu'ils sont confrontés à des obstacles, des défis et des problèmes. Ce processus leur permet d'acquérir progressivement des compétences en matière de résolution de problèmes qu'ils peuvent appliquer par eux-mêmes. Ils développent une pensée innovante et la capacité de prendre l'initiative d'aller plus loin.

Le processus de coaching individuel permet à chacun de penser de manière créative à l'atteinte de l'excellence en matière de performance plutôt que de se contenter de faire le travail.

# CHAPITRE 2

## *Les managers doivent continuellement développer leurs employés.*

Votre recherche de membres d'équipe talentueux est terminée et vous avez engagé de nombreux candidats hautement qualifiés pour votre service. L'étape suivante consiste à programmer les nouvelles recrues pour le processus d'embauche et la formation aux procédures du service.

C'est une excellente nouvelle pour votre nouvel employé, car le service de formation de votre entreprise propose un excellent programme pour les nouveaux embauchés, qui comprend des évaluations avant et après la formation, des forums de commentaires et de suggestions, ainsi que des tâches pratiques et concrètes placées stratégiquement dans le programme.

Pour couronner le tout, les membres de votre nouvelle équipe sont prêts à agir après deux à quatre semaines (beaucoup plus longtemps dans certaines organisations) de formation intensive en classe. Ou bien, sont-ils?

Un programme pour les nouveaux employés est insuffisant à lui seul.

Il est naturel que les employés éprouvent un mélange d'excitation et d'anxiété lorsqu'ils acquièrent de nouvelles connaissances, tâches et responsabilités.

Saviez-vous que de nombreuses personnes nouvellement embauchées ressentent une anxiété extrême pendant et après leur programme de formation ?

La plupart des employeurs indiquent clairement que le fait de ne pas réussir le programme de formation "peut entraîner un licenciement immédiat".

Pour ajouter à l'anxiété, les nouvelles recrues sont souvent informées à plusieurs reprises des objectifs de performance et des attentes strictes une fois qu'elles ont rejoint les membres de l'équipe en place sur le lieu de travail. Les nouveaux employés ont souvent une peur bleue de l'échec et se sentent "jetés" dans l'environnement de travail sans préparation et sans soutien.

Les employés qui travaillent dans des environnements où le rythme est soutenu, où la productivité est élevée et où les résultats sont mesurés, comme les centres d'appels, le traitement des demandes d'indemnisation et les services de saisie des commandes, sont les plus susceptibles d'échouer en raison d'un manque de formation adéquate.

Malheureusement, pour de nombreux nouveaux employés, le programme de formation initiale sera leur "seule" occasion de formation formelle et de développement personnel. Cette réalité déprimante et cette tendance omniprésente restreignent considérablement la capacité d'un employé à se développer en termes de connaissances, de compétences et d'aptitudes (KSA).

Soyons réalistes : même les employés les plus talentueux ont besoin d'un développement continu pour atteindre leur plein potentiel et produire des résultats supérieurs à la moyenne. N'est-il pas vrai que toutes les entreprises ont besoin de résultats supérieurs à la moyenne pour survivre sur le marché concurrentiel d'aujourd'hui ? Sans aucun doute !

En général, le service de formation est responsable de la formation des nouveaux employés et des initiatives de préparation des employés dans la plupart des organisations. Les responsables du service doivent être suffisamment disposés et compétents pour accepter ces initiatives et le "bâton" du service de formation en matière de développement des employés.

Malheureusement, la plupart des responsables ne remplissent pas cette obligation. Soit ils ne disposent pas de la formation et de l'engagement personnel nécessaires, soit ils ne comprennent pas le rôle important du coaching dans la réussite des employés et de l'entreprise.

Pour certains managers, les trois catégories sont applicables ! Quels que soient les obstacles, les managers doivent sincèrement croire en leur obligation d'assurer le développement continu de leurs employés et prendre les mesures appropriées.

La formation, l'engagement et la sensibilisation d'un manager sont nécessaires

On suppose que tous les managers accordent une grande importance au coaching et au développement des employés. Ce n'est pas le cas. Pour être franc, beaucoup trop de managers évitent cet outil très efficace comme la peste ! L'évitement, dans une certaine mesure, est compréhensible pour les managers nouvellement nommés et inexpérimentés.

En revanche, l'évitement est extrêmement répandu, même chez les managers bien formés et en poste. Une formation inadéquate, une culture d'entreprise favorable et un manager qui ne comprend pas l'impact direct du coaching sur l'amélioration des performances et de la rentabilité des employés alimentent ce problème et affectent non seulement les buts et objectifs de l'employé mais aussi ceux de l'entreprise.

Regardons les choses en face : sans un coaching efficace, une entreprise ne parviendra pas à atteindre son plein potentiel et, dans l'environnement mondial hautement compétitif d'aujourd'hui, l'incapacité à fournir de manière constante et continue de la valeur à vos clients et actionnaires entraîne la destruction de l'entreprise !

Le coaching offre la possibilité d'un retour d'information et d'une orientation individualisés, dans le but d'aider les employés à combler les lacunes de leurs compétences clés. Il favorise également des résultats de haute qualité. Un coaching efficace se traduit par une main-d'œuvre habilitée, plus engagée et contribuant davantage. Un coaching efficace a également été associé à une augmentation de la satisfaction et de la rétention des employés.

Il faut du temps et de l'énergie pour devenir un coach efficace. Il s'agit d'une compétence importante qui nécessite une formation, une pratique et un suivi, ainsi que l'engagement d'un manager envers le succès de ses employés et de son entreprise.

Lorsque la formation et le coaching ne sont pas fournis ou le sont de manière inefficace, les employés sont privés du niveau de développement personnel et professionnel nécessaire pour atteindre leur plein potentiel, et l'entreprise en souffre.

Les six conseils suivants aideront les managers, qu'ils soient nouveaux ou expérimentés, à améliorer leur connaissance et leur efficacité en tant que coachs :

1. Développer une relation de confiance avec chaque employé

2. Se concentrer à la fois sur les points forts et les points faibles de l'employé. 3.

3. Fournir un feedback relatif opportun et cohérent

4. Décrivez comment le succès d'un employé est lié au succès de l'entreprise (alignement des objectifs stratégiques). 5.

5. Individualiser le contenu du coaching en fonction de l'ensemble unique de KSAs de chaque employé.

6. Promouvoir une culture qui valorise le développement continu des employés.

# CHAPITRE 3

## *Gérer les conflits interpersonnels au sein des employés.*

Dans le monde du travail d'aujourd'hui, où le temps est compté et où personne n'en a assez, vous vous demandez peut-être pourquoi cette "tâche" doit avoir la priorité et quand vous trouverez le temps. Considérez les questions suivantes ; si vous répondez par l'affirmative à l'une d'entre elles, vous avez peut-être vos réponses.

Les conflits sur le lieu de travail vous privent-ils de votre temps et de votre énergie ?

Les conflits de personnalité nuisent-ils à votre capacité de gestion ?

Vous vous retrouvez à vous retourner la nuit, ne sachant pas comment intervenir la prochaine fois qu'un de vos employés se dispute ?

La tension du conflit affecte-t-elle les autres ?

Les autres prennent-ils parti ?

La difficulté entrave-t-elle la capacité de l'équipe à atteindre ses objectifs ?

Réfléchissez au temps que vous consacrez actuellement à ce problème. J'ai découvert qu'éviter les conflits prend plus de temps. Le conflit entre collègues consomme du temps et de l'énergie, étouffe la créativité et l'esprit d'équipe, et empêche le manager de dormir la nuit, ne sachant que faire.

Je vois des managers par ailleurs compétents et techniquement avisés s'affronter et je commence à me poser des questions :

Devrais-je intervenir ?

Dois-je organiser une réunion conjointe?

Qu'est-ce que je vais dire ?"

Certains individus interviennent de manière inefficace, exacerbant ainsi le problème. D'autres évitent d'affronter le problème, et l'environnement en souffre. En raison du stress, les bons éléments partent.

Les tâches ne sont pas accomplies efficacement parce que les collègues s'évitent les uns les autres. Les relations et la productivité en pâtissent. Parfois, des organisations entières se polarisent.

Bien que la capacité à calmer ces feux internes ne soit pas toujours intuitive ou même visible dans de nombreux lieux de travail, elle existe. Nous pouvons apprendre, nous exercer et finalement les maîtriser.

Comment résoudre les conflits entre les employés

1) Pour commencer, gérez-vous.

Votre attitude face à ce qui se passe est essentielle. Si vous pensez que cela va bien ou mal se passer, vous avez raison. Recadrez cette situation pour vous et vos employés comme une opportunité:

- Pour que la relation s'améliore.
- Pour que les deux parties acquièrent les compétences professionnelles et personnelles nécessaires.
- Pour que chacun voie davantage ce qu'il y a de bon en l'autre.

Maintenez l'objectivité, le non-jugement et la conviction que le conflit est le seul moyen pour eux d'apprendre à se connaître. S'aligner sur les deux.

2) Calculer et acquérir l'engagement

Sont-ils prêts à changer leur comportement ?

Ou préfèrent-ils cultiver leur discours selon lequel tout va bien tant que l'autre personne change ?

Sont-ils prêts à reconnaître leur rôle dans le conflit tel qu'il s'est développé ?

Voient-ils l'intérêt de le résoudre ?

Assurez-vous de parler avec chaque personne de sa volonté de participer au processus. Permettez-leur de considérer cette démarche comme un investissement et un vote de confiance dans leur avenir. Assurez-vous également qu'ils comprennent les conséquences d'un refus.

3) Rencontres individuelles initiales

Évitez de faire entrer les deux parties dans la pièce dès le début. Parlez séparément avec chacune d'elles. Prenez connaissance du conflit sous tous ses angles. Ne tentez pas de corriger quoi que ce soit. Ne donnez aucun conseil. Permettez à chacun de raconter son histoire. Prêtez attention et exprimez votre gratitude. Informez-les de votre audience.

4) Développer les compétences

Compétences en matière de gestion des émotions, écoute en tant qu'allié et défense de ses propres intérêts tout en restant réceptif aux autres points de vue.

5) Réconcilier les parties.

Aidez-vous mutuellement à créer un nouveau récit sur l'autre. Mettez l'accent sur la contribution plutôt que sur le blâme. Aidez-les à reconnaître les intentions positives de l'autre, même si le résultat a été négatif. Ils ne sont actuellement capables de voir que les aspects problématiques de l'autre. Aidez-les à identifier les domaines d'appréciation.

Apprendre à intervenir et à aider les employés à résoudre les conflits vous fera gagner, à vous et à votre groupe de travail, du temps, des contrariétés et de l'argent grâce à votre capacité accrue à accomplir les tâches pour lesquelles vous et eux avez été engagés.

Commencez à pratiquer intentionnellement les compétences, les attitudes et les mécanismes que vous souhaitez améliorer pour rendre cette partie de votre travail plus facile et plus satisfaisante. Ce faisant, vous renforcerez votre présence, votre résilience et votre capacité à gérer toute situation qui se présente.

# CHAPITRE 4

## *Comment prévenir l'intimidation des employés sur le lieu de travail.*

Les brimades sont courantes non seulement à l'école mais aussi sur le lieu de travail. Les auteurs de brimades sont souvent en position de force et pensent que leur position et leur pouvoir justifient le traitement insensible des autres qui sont "inférieurs" ou qui ne sont pas "dans leur catégorie". Ils justifient souvent leurs actes en prétendant qu'ils "plaisantent" et en croyant que les autres devraient "prendre une blague".

L'intimidation a des répercussions sur tout le lieu de travail, car elle viole une atmosphère de sécurité et de confiance fondamentales. La santé émotionnelle et physique est compromise, ce qui se traduit par de l'absentéisme, un stress non géré et un moral bas sur le lieu de travail.

Le problème est que ce type de comportement abusif n'est pas toujours illégal, et même si treize États ont introduit une législation sur les "lieux de travail sains", aucune de ces mesures n'a été adoptée.

Voici les dix principaux conseils à l'intention des managers pour prévenir les brimades sur le lieu de travail!

1. Le roi de la communication est la communication

Il est admis depuis longtemps que les gens échouent dans leur travail en raison d'un manque de compétences techniques, mais plutôt d'un manque de compétences en communication. Rappelez-vous souvent que c'est important pour l'efficacité au travail. Vous pouvez doter vos employés d'outils de communication essentiels en leur fournissant des connaissances par le biais de séminaires et de coaching.

2. Méfiez-vous du vampire sur le lieu de travail

Les brimades sur le lieu de travail ne sont pas acceptables. Sachez que les brimades au travail ne sont pas toujours manifestes ; elles peuvent prendre une forme subtile de condescendance, de contrôle insidieux et d'irrespect.

Par exemple, les questions rhétoriques telles que "Pourquoi ne m'écoutes-tu pas ?" sont inacceptables. "Qu'est-ce qui ne va pas chez toi ?" "Combien de fois t'ai-je dit cela?"

3. Les patrons ne sont pas censés être autoritaires

Assurez-vous que tous les superviseurs et employés comprennent la distinction entre un comportement assertif et agressif. Comprendre les lignes directrices de chacun d'entre eux peut aider à identifier l'intimidation au travail.

La communication assertive se caractérise par des déclarations "je" dans lesquelles le locuteur est franc mais discret et respectueux des autres. En revanche, la communication agressive se caractérise par des déclarations du type "vous", dans lesquelles l'interlocuteur domine, contrôle et juge les autres.

Trop souvent, les personnes en position d'autorité pensent qu'elles peuvent être "autoritaires" simplement parce qu'elles sont patronnes. Une communication efficace commence au sommet, et les managers doivent servir de modèles.

4. Les managers doivent regarder derrière les 10%

10% des comportements d'intimidation sont motivés par un mauvais comportement au travail. Dans 90 % des cas, il s'agit des raisons du comportement, telles que des conflits personnels non résolus, l'épuisement professionnel, des problèmes de gestion de la colère, le ressentiment à l'égard de la façon dont ils pensent être traités au travail, et un manque de compétences humaines nécessaires pour compléter les compétences techniques - ce que les gens n'apprennent pas dans l'enseignement formel.

Reconnaissez que les intimidateurs ne sont pas nécessairement de "mauvaises" personnes ; ils manquent de conscience et de compétences et sont souvent bien intentionnés dans leur volonté de "faire le travail".

Certains individus peuvent très bien souffrir d'instabilité émotionnelle et de mauvaise santé. N'ayez pas peur d'exprimer vos préoccupations, de les documenter et d'offrir l'aide ou le coaching du PAE aux cadres supérieurs appréciés qui ont du mal à contrôler leur intensité.

5. Avoir une politique de tolérance zéro pour l'intimidation

Fournir des ressources pour aider l'intimidateur à reconnaître que son comportement est inacceptable et lui fournir des outils pour l'aider à développer de meilleures compétences. Évitez d'être passif et de détourner le regard !

Établissez une politique écrite décrivant ce qui constitue une intimidation au travail et les répercussions d'un comportement d'intimidation. Veillez à ce que tous les employés connaissent la politique et reçoivent des notes de rappel périodiques.

6. Disposez de lignes de correspondance claires pour les griefs et les problèmes.

Prévoyez une voie de communication claire, à la fois confidentielle et discrète, pour signaler les brimades ou les soupçons de brimades. Assurez-vous qu'il n'y aura aucune répercussion si vous déposez une plainte.

Les employés craignent souvent les représailles et pensent que s'ils se plaignent auprès des ressources humaines ou d'un autre membre de la direction, leur plainte ne sera pas traitée de manière confidentielle et leur emploi pourrait être mis en péril. La peur de la critique futile est l'une des raisons les plus courantes pour lesquelles les employés s'abstiennent de confronter le tyran, et la peur des représailles est primordiale.

7. Les employés sont aussi des personnes

Les managers donnent le ton et peuvent aider les employés à identifier leurs droits. Ils ont le droit d'être traités avec dignité et respect, et ils n'ont pas le droit d'être dénigrés et manqués de respect. Vous pouvez fournir aux employés une "déclaration des droits" écrite décrivant comment ils doivent s'attendre à être traités. Démontrez votre souci de les traiter équitablement.

8. Garder le contrôle sans être contrôlé

Reconnaissez le rôle important du contrôle dans la santé mentale de vos employés. Ceux qui ont le sentiment d'être contrôlés et d'avoir peu à dire dans leur vie professionnelle développent du ressentiment, ce qui se traduit par une baisse du moral et des performances au travail.

Un manque de contrôle perçu entraîne une "impuissance apprise", c'est-à-dire que les employés adoptent une mentalité de victime et croient qu'il n'y a "aucune issue". Il en résulte une augmentation de l'anxiété, un mauvais rendement au travail, l'absentéisme et l'utilisation des congés de maladie.

9. Soyez un gestionnaire de stress, pas un porteur de stress.

Le stress non géré au travail coûte aux entreprises et aux organisations d'Amérique du Nord 300 milliards de dollars en manque à gagner. Entre 80 et 90 % des accidents du travail sont probablement le résultat de problèmes personnels et de l'incapacité des employés à gérer le stress. Organisez des ateliers de gestion du stress pour apprendre à vos employés à gérer efficacement leur stress et à éviter de devenir des "porteurs de stress!"

10. Sensibilisez vos employés.

Ne faites pas de "suppositions" sur les connaissances de vos employés en matière de harcèlement moral au travail. Informez-les, proposez des ateliers sur ce sujet pour vous assurer qu'ils comprennent la définition du harcèlement moral au travail!

# CHAPITRE 5

## *Comment faire en sorte que vos employés travaillent en équipe.*

Pour les managers, l'essentiel est d'obtenir les résultats souhaités lorsque les employés travaillent en collaboration plutôt que de manière indépendante ; il sera beaucoup plus facile d'atteindre ces résultats.

L'un des moyens les plus efficaces d'y parvenir est de favoriser un environnement dans lequel les employés se considèrent comme des membres de l'équipe et vous, le coach de l'équipe, comme le manager.

La relation traditionnelle superviseur-subordonné n'incite pas les employés à s'approprier leurs responsabilités et à fournir un effort plus que minimal. En revanche, le modèle de consolidation d'équipe peut donner des résultats supérieurs et accroître la participation et la coopération des employés lorsqu'il est mis en œuvre efficacement.

Le manager joue un rôle important dans la promotion d'un esprit d'équipe, et son approche est essentielle à la réussite. Les sports fournissent un excellent exemple de consolidation d'équipe réussie.

Un entraîneur dirige chaque équipe sportive. Le rôle de l'entraîneur est de positionner stratégiquement les joueurs, de les entraîner et de les motiver pour qu'ils atteignent le statut de champion. Il existe de nombreuses analogies utiles entre une équipe sportive et une équipe de travail.

Plus les managers se considèrent comme des entraîneurs de leurs équipes, plus celles-ci réagissent positivement à leur leadership. Ce chapitre aborde plusieurs des compétences d'un entraîneur sportif en matière de consolidation d'équipe et la manière dont elles peuvent être appliquées avec succès à un poste de supervision sur le lieu de travail.

Établir des relations.

Les managers doivent développer des relations positives avec l'équipe dans son ensemble et avec chacun de ses membres. Les relations favorisent le développement d'un élément essentiel de la constitution d'une équipe : la confiance. La confiance est importante pour encourager la coopération et motiver les employés.

Disponibilité.

Les managers doivent être accessibles et abordables pour leurs équipes. Ils doivent être visibles, et non pas cachés derrière des portes fermées pour effectuer des tâches administratives.

- Vos employés se sentent-ils à l'aise lorsqu'ils vous font part de leurs préoccupations ?
- Êtes-vous suffisamment présent pour connaître et sentir le pouls de l'équipe?

Fixer des objectifs : La planification et la fixation d'objectifs sont des éléments importants du succès de la supervision.

- Votre équipe connaît-elle les objectifs à court, moyen et long terme de l'équipe ?

- Ces objectifs sont-ils réalistes et bien communiqués ?
- Les membres de l'équipe ont-ils un sentiment d'orientation et d'utilité?

Encourager la participation.

Les managers doivent motiver les membres de l'équipe à participer pleinement et volontairement et à croire en la mission de l'équipe. Le rôle du manager est de faire en sorte que les employés restent concentrés sur les buts et objectifs de l'équipe et de faciliter la collaboration pour atteindre les résultats souhaités.

Distribuer l'information.

Les managers qui réussissent ne cachent pas d'informations à leurs subordonnés. Ils les tiennent informés et leur fournissent les informations nécessaires pour mener à bien une tâche ou un projet.

Être un exemple.

Les managers doivent donner un exemple positif des comportements qu'ils souhaitent voir adopter par leurs équipes. Cela signifie qu'ils doivent passer de la parole aux actes et fixer des normes et des attentes élevées pour eux-mêmes et leur équipe.

Féliciter les tentatives.

Les entraîneurs encouragent leurs équipes à essayer de nouvelles choses et favorisent un environnement propice à l'apprentissage et à l'expérimentation. Les progrès individuels et les réalisations personnelles doivent être célébrés lorsque les individus entreprennent des tâches complexes.

Délégation.

Les entraîneurs ne sont pas autosuffisants. Ils considèrent la délégation comme une occasion de développer l'estime de soi et la confiance en soi et d'élargir leur éventail de compétences. En dehors de cela, ils considèrent la délégation comme un moyen de développer leurs joueurs et d'élargir leurs compétences grâce à un positionnement stratégique.

Constituer une équipe.

Un coach ne se contente pas de gérer l'équipe ; il en fait partie intégrante. Ne demandez pas à un membre de l'équipe d'effectuer une tâche que vous ne feriez pas vous-même.

Le développement d'un style de management basé sur le coaching permettra de former une équipe capable de fournir les résultats souhaités par les managers. Les managers ont l'impact le plus important sur la satisfaction professionnelle de leurs subordonnés directs.

Le rôle de superviseur implique l'autorité de prendre des décisions qui ont un impact direct sur l'équipe. En tant que coach, le développement de compétences en matière de renforcement de l'esprit d'équipe vous permet d'influencer et de motiver vos employés à participer en tant qu'équipiers et à collaborer efficacement.

# CHAPITRE 6

## *Comment gagner le respect, la loyauté et la confiance de vos employés.*

Permettez aux employés de travailler pour vous plutôt que contre vous en gagnant leur respect et, surtout, leur confiance. Vous engagez des personnes pour travailler pour vous, et si vous savez comment les encourager, elles le feront. Encouragez vos employés à faire des suggestions par le biais d'une boîte à idées, d'une réunion hebdomadaire ou mensuelle, ou d'une table ronde pendant la pause café.

Si un employé fait une suggestion d'amélioration, ne le prenez pas personnellement si elle contredit votre pensée. Gardez à l'esprit que rien ne pousse dans la glace. Veillez à ne pas bloquer complètement un employé à la suite d'une suggestion, même si elle peut sembler ridicule.

Lorsque les employés sont encouragés à faire des suggestions et à proposer des idées, croyez-moi quand leurs suggestions s'amélioreront avec le temps. Oui, il y en aura des farfelues, des stupides et des sans rapport, mais il suffit d'une seule vraiment excellente pour engraisser les résultats. C'est pourquoi je me réfère à l'adage "prendre le bon avec le mauvais".

À tout moment, les opinions, les suggestions, les recommandations et même les critiques doivent être accueillies favorablement. Personne n'a toujours raison, et vous devez garder à l'esprit que tout peut être amélioré.

La confiance est un élément important pour créer des liens solides entre les managers, les employés et les employeurs. Lorsqu'une personne a confiance en vous, elle vous suivra et travaillera avec diligence pour vous aider. Cela nous amène à l'art de la communication.

Si vos employés comprennent la situation dans son ensemble et les performances de l'entreprise sur le marché, ils travailleront plus dur pour faire de votre vision une réalité. La confiance prend du temps à se développer, mais l'une des façons les plus simples de commencer est d'écouter ce que vos employés ont à dire, de les encourager à s'exprimer et de respecter ce qu'ils ont à dire.

L'une des belles caractéristiques de la confiance est qu'elle est contagieuse. Vous devez d'abord faire confiance à vos employés, et ils vous feront confiance, et finalement, ils se feront confiance entre eux. Le partage d'informations, de stratégies et d'objectifs accroît la productivité, car chacun comprend l'orientation de l'entreprise et, ne serait-ce que par crainte de perdre son emploi, travaille à la réalisation de la vision d'ensemble.

Le repositionnement interne des employés devient moins stressant en raison de la compréhension accrue (confiance) qu'il est pour le bien de l'entreprise dans son ensemble. Même si la critique peut être difficile à avaler, elle fait partie de l'équation de la confiance, et le renforcement de la confiance rapporte d'énormes dividendes.

La mentalité dictatoriale du "faites ce que je dis, sinon" est mortelle pour une entreprise et entraîne une forte rotation du personnel. Si les gens n'aiment pas qu'on leur dise ce qu'ils doivent faire, ils apprécient de travailler avec des managers.

Soyez prêt à faire des éloges, mais ne le faites pas sans retenue. Il en va de même pour le renforcement positif de l'effort. Complimenter tout le monde et souvent vous donne l'impression d'être radin, mais être sincère et ne le faire que lorsque c'est vraiment mérité renforce la confiance et le respect des troupes.

Bien que tout le monde puisse trouver des fautes, le fait de donner à vos employés la possibilité de s'écarter légèrement du chemin à la recherche d'une meilleure méthode peut donner des résultats significatifs. S'ils font des erreurs et que cela vous coûte de l'argent, gardez à l'esprit que cela fait partie de la croissance d'une entreprise.

Tant que les erreurs ne sont pas répétées et que l'expérience est partagée, votre environnement de confiance se développera. Les autres seront enthousiastes à l'idée de travailler, sachant qu'il est acceptable d'essayer quelque chose qui peut ne pas s'avérer 100% fructueux.

Chaque erreur donne une leçon ; ceux qui ne l'apprennent pas sont les perdants.

Engagez votre organisation à créer une culture de la confiance et observez vos employés devenir plus productifs, mieux communiquer et plus heureux au travail. Les employés veulent savoir où ils en sont. C'est le travail des managers de fournir un retour d'information et de créer une culture dans laquelle le retour d'information est modélisé et encouragé.

Les quatre critères suivants démontrent que la loyauté des employés est créée:

• Reconnaissance et éloges.

- Un sentiment de contribution à l'entreprise/organisation.

- Apprentissage et développement.

1. Éloge et reconnaissance : On dit que pas de nouvelles est une bonne nouvelle, mais ce n'est pas vrai pour les managers qui veulent garder les meilleurs éléments. Pour les employés, l'absence de commentaires équivaut à être ignoré : cela conduit à la complaisance. Les lieux de travail qui négligent les performances nuisent à l'esprit humain et font une réelle différence dans la qualité des produits et des services.

On considère souvent que la reconnaissance positive vient principalement des superviseurs ou des managers, mais des études ont montré que les employés préfèrent les éloges et la reconnaissance de leurs pairs également. Les collègues de travail connaissent les détails d'une tâche, et celle-ci peut être plus significative s'ils donnent un feedback utile.

Que peut faire la direction pour promouvoir cela ? Modélisez la méthode appropriée pour féliciter et reconnaître fréquemment. Travailler avec un coach permet d'améliorer les compétences en matière de feedback efficace.

2. Un sens de la contribution de l'entreprise : l'excellence ne se produit que lorsque les gens ont un véritable sens du but de leur vie. Les gens souhaitent savoir que les entreprises qui font la différence doivent faire savoir à leurs employés à quel point leur emploi et leurs performances sont essentiels à la réussite globale de l'entreprise. Il doit y avoir une adéquation entre les motivations des employés et l'objectif de l'emploi. Collaborer à une mission est plus passionnant que de simplement accomplir une tâche.

Que peut faire un manager pour promouvoir un objectif plus significatif ?

Impliquez les employés dans d'autres aspects de l'entreprise. Emmenez-les aux réunions et faites-leur savoir ce qui se passe dans les différents départements et équipes.

3. Apprentissage et développement : les possibilités de formation et de développement sont cruciales. Les entreprises efficaces font désormais appel à des coachs pour aider les personnes à développer leurs talents et à devenir plus autonomes.

Travailler avec un coach implique de les encourager à prendre conscience d'eux-mêmes. Ils peuvent voir les possibilités de croissance en utilisant leurs forces et leurs talents pour mieux comprendre qui ils sont. Au fur et à mesure qu'ils prennent conscience d'eux-mêmes, ils peuvent identifier les domaines dans lesquels leurs talents sont les plus appropriés.

4. Avoir un meilleur ami au travail : Le fait d'avoir un meilleur ami au travail est essentiel pour expliquer pourquoi les gens choisissent de rester dans un emploi malgré d'autres insatisfactions. Les managers des meilleurs lieux de travail comprennent que les employés veulent développer des relations

positives avec leurs collègues et que ces relations peuvent contribuer à la loyauté envers l'entreprise.

Les employés reçoivent une compensation émotionnelle importante pour avoir développé des relations de confiance avec leurs collègues. Si les entreprises accordent une grande attention à la loyauté des employés, les meilleurs employeurs comprennent que cette loyauté existe entre collègues. Les excellents managers offrent le temps et l'espace nécessaires à l'épanouissement de ces relations.

Les gestionnaires sont bien conscients de l'importance d'attirer et de retenir les employés talentueux pour réussir dans le milieu de travail concurrentiel d'aujourd'hui. Ils doivent également concevoir des stratégies pour motiver les employés à améliorer leurs performances.

Les individus se considèrent rarement comme des exécutants, mais plutôt comme des personnes possédant des forces et des talents spécifiques. Avant que les employés ne soient motivés à faire des efforts supplémentaires, ils doivent croire que leur manager s'intéresse à eux sur le plan humain.

Il n'existe pas de formule unique pour le maintien en poste du personnel. Voici quelques-uns des ingrédients:

1. Transparence dans toutes les directions

2. Les superviseurs invitent les employés à participer à tous les aspects du travail et les aident à avoir une vue d'ensemble : la valeur monétaire de leurs contributions à l'organisation.

3. Encourager les environnements propices à l'expérimentation et à l'apprentissage.

Il est absolument nécessaire d'engager et d'activer le cœur, l'esprit et, oui, même l'âme des gens au travail. Ce niveau d'engagement est bien plus précieux que les primes, les avantages ou même les massages de chaise. Il est essentiel pour retenir les personnes talentueuses.

# CHAPITRE 7

## *L'importance de donner du feedback aux employés.*

Pour les managers, donner un feedback sur les performances peut être une expérience traumatisante. Bien que traumatisante puisse être une exagération, cette question est souvent posée lorsque je travaille avec des chefs d'équipe.

Tout au long de notre vie, le feedback a contribué à l'acquisition et au développement de nos connaissances, de nos capacités et de nos compétences. En effet, il s'agit d'une composante nécessaire de l'apprentissage, et presque tout le monde veut savoir comment il s'en sort, même si le feedback est désagréable.

Le feedback nous fournit les informations dont nous avons besoin pour décider de ce que nous allons faire ensuite - il nous donne le choix. Lorsque le retour d'information est fourni efficacement, il s'agit de l'un des outils les plus efficaces dont dispose un manager pour renforcer la confiance, les performances et la motivation de son équipe.

Il existe de nombreux modèles pour donner du feedback, notamment STAR, AIM et SBI. Bien qu'ils soient tous bénéfiques, j'ai constaté que les managers obtiennent de meilleurs résultats lorsqu'ils adoptent et adaptent les principes ci-dessous. Ces recommandations s'inspirent vaguement du modèle de coaching GROW :

Quand fournir un retour d'information.

Il est préférable de fournir un retour d'information sur les performances immédiatement plutôt que des mois plus tard, lorsqu'il a pu être oublié. Prenez souvent le temps de donner un feedback - par exemple, autour d'une tasse de café, dans un taxi sur le chemin du retour d'une réunion, ou lors d'une réunion de rattrapage hebdomadaire/mensuelle.

Un feedback fréquent permet également d'identifier les problèmes de performance à un stade précoce, plutôt que de les reléguer à une "décharge" annuelle, évitant ainsi la "surprise" de l'évaluation de performance.

Tout au long de l'année, efforcez-vous d'être équilibré dans vos commentaires, en abordant les points positifs et négatifs.

Qui passera en premier ? - Demandez à votre employé comment il pense avoir travaillé. Voici quelques exemples de questions de départ possibles:

- " Comment croyez-vous que ça s'est passé ?"
- "Comment s'est passée cette année jusqu'à présent ?"
- "Auriez-vous pu faire quelque chose différemment ?"
- "Comment aimeriez-vous améliorer vos performances au cours de l'année à venir?"

En permettant d'abord aux individus d'exprimer leurs points de vue, vous pouvez les aider à se sentir plus à l'aise avec le processus et à établir un terrain d'entente pour construire leurs observations. De plus, cela vous permet, en tant que manager, d'obtenir des informations sur les priorités de performance de la personne.

- Est-il à la hauteur de vos attentes ?
- Est-il inférieur ou supérieur?

Il vous aide également à déterminer comment il réagira au feedback que vous devez lui fournir. Si l'écart est important, cela peut indiquer la nécessité d'une réponse défensive, à laquelle vous pouvez vous préparer.

Reconnaissez les points positifs - Prenez note des domaines dans lesquels votre employé s'est amélioré ou a bien travaillé depuis votre dernière conversation de feedback. Concentrez-vous sur des exemples concrets de comportement observé et, surtout, sur l'impact de ce comportement. Cela permet de renforcer les comportements souhaités et de donner un ton positif à la suite de la conversation.

Ne donnez que les faits - Les commentaires doivent être très précis et factuels. Évitez de faire de grandes généralisations fondées sur des opinions personnelles ou des préjugés. Si le feedback est potentiellement litigieux, les employés peuvent le prendre personnellement et réagir de manière défensive.

En dehors de cela, concentrez-vous sur les événements réels qui sont f précis et étayés par des preuves comportementales. En faisant le lien avec l'impact du comportement, les employés peuvent mieux comprendre le feedback. Cela leur permet de répondre plus franchement.

Concentrez-vous sur le comportement - Le feedback sur les performances vise à modifier ou à renforcer les comportements qui affectent les performances ; il ne s'agit pas de changer l'individu. Se concentrer sur le comportement lors de vos réunions de feedback contribue également à la dépersonnalisation du feedback. Une réponse défensive indique presque certainement que l'employé l'a pris personnellement.

Concentrez-vous sur l'individu - "Votre problème est que vous n'avez pas l'esprit d'équipe".

Concentrez-vous sur le comportement - "A de nombreuses reprises, j'ai vu un membre de l'équipe demander de l'aide et vous refuser. Aujourd'hui en est une illustration."

Si la rétroaction comprend des cas où la personne se heurte à d'autres personnes et croit qu'elle n'est pas en faute, demandez-lui d'expliquer comment elle croit avoir contribué au conflit et ce qu'elle aurait pu faire différemment pour l'éviter.

Allez de l'avant - On a parfois tendance à se concentrer sur le négatif. Faites avancer la conversation aussi vite que possible pour vous concentrer sur les prochaines étapes positives, comme ce que l'employé peut faire pour améliorer ses performances.

Invitez la personne à donner son point de vue sur les solutions possibles. Examinez les options et les pistes d'aide possibles pour la personne. Soyez prêt à offrir des conseils positifs et une orientation à une personne qui a du mal à déterminer un plan d'action.

Planifiez les prochaines étapes - après votre discussion, cherchez toujours à vous mettre d'accord sur un plan d'action concret. Créez un plan d'action et convenez mutuellement d'un calendrier de révision. Ce plan devrait inclure des actions spécifiques que la personne prendra différemment et toute assistance que vous fournirez. Quand allez-vous vous revoir pour rattraper le temps perdu ?

Des conclusions heureuses - Efforcez-vous toujours de conclure sur une note positive. Rappelez à la personne les aspects positifs du feedback et ce que vous appréciez dans sa contribution. Encouragez-la à prendre les mesures nécessaires pour surmonter tout obstacle et assurez-la de votre volonté de l'aider tout au long du processus.

La clé est de fournir un feedback cohérent et d'en faire une conversation à double sens qui reconnaît les contributions des employés au processus. Il est plus efficace lorsqu'il est donné de manière cohérente, honnête et constructive, même s'il est inconfortable pour toutes les parties concernées. Cependant, la pratique est utile, et plus vous en ferez, plus vous deviendrez efficace.

# CHAPITRE 8

## *Développer un plan de coaching écrit pour les employés.*

Lorsque nous envisageons de créer un plan de coaching écrit, les managers doivent d'abord comprendre le terrain qu'ils vont traverser. Trois questions essentielles doivent être abordées :

S'agit-il d'un plan d'amélioration des performances ou d'un plan de coaching ?

Vise-t-on le niveau supérieur avec cette personne ?

Comment allons-nous déterminer notre succès ?

Une fois que nous avons abordé ces trois points, nous pouvons commencer à élaborer notre plan de coaching de l'employé. Il est important de répondre à la première question, "S'agit-il d'un plan de coaching ou d'un plan d'amélioration des performances", avant de poursuivre. Au cas où vous vous demanderiez quelles sont les différences entre les deux, permettez-moi de clarifier.

Un plan de coaching est un document écrit qui identifie les déficits de compétences qui doivent être traités. Il s'agit généralement d'une feuille de route pour quelqu'un qui est déjà accompli dans son travail. Nous l'aidons à développer ses compétences - peut-être voulons-nous le faire évoluer latéralement, ou nous avons reçu des préoccupations concernant un ou deux domaines qui pourraient être améliorés.

Par ailleurs, un plan d'amélioration des performances, souvent abrégé en "PIP", est un document créé pour un employé dont les performances ne sont pas à la hauteur des attentes dans son rôle actuel. Il indique généralement que si les performances ne sont pas maintenues immédiatement, l'employé sera invité à quitter l'organisation.

Souvent, nous offrons à la personne qui commence un PIP l'option de démissionner avec une indemnité de départ ou de continuer le PIP. Malheureusement, la plupart des employés optent pour le PIP alors que l'indemnité de départ aurait été une bien meilleure option. Généralement, lorsqu'un manager atteint le niveau PIP, l'employé est irrémédiablement endommagé et finit par échouer.

La deuxième question, "visons-nous le prochain niveau avec cette personne ?" nous aidera à développer notre stratégie. Si nous voulons faire progresser cette personne, un plan de coaching peut inclure de nombreux domaines de développement fascinants. Par exemple, si nous avons un manager à promouvoir aux niveaux exécutifs, nous pouvons améliorer son image professionnelle.

Dans ce cas, l'engagement avec un expert en étiquette ou un consultant en garde-robe peut faire partie du plan. Si les compétences de présentation sont un problème, nous pouvons lui demander de travailler avec un coach d'acteur ou un autre cadre de notre organisation pour améliorer ces capacités.

Enfin, il est nécessaire d'aborder la question "Comment allons-nous mesurer notre succès ?". Si nous plaçons quelqu'un sur un PIP, notre succès peut être aussi facile que d'obtenir le départ volontaire de la personne de l'organisation, ou il peut être que le PIP a servi d'avertissement que sa performance doit s'améliorer.

Pour un gestionnaire, le succès peut signifier que la personne a échoué au PIP et que la direction a maintenant des motifs raisonnables de mettre fin à l'emploi de l'employé. De même, si nous envisageons un plan de coaching, la réussite sera déterminée par le changement de comportement nécessaire pour faire évoluer et grandir cette personne. Il démontrera sa détermination et sa volonté de s'adapter pour réussir.

Quoi que vous fassiez, gardez à l'esprit les principes fondamentaux de la formulation des objectifs. Si vous suivez le processus de formulation des objectifs SMART, vous pouvez créer les objectifs suivants :

SPÉCIFIQUES (le qui, le quoi, le où, le comment et le quand)

MESURABLE (comment saurai-je que l'objectif est atteint)

ATTEIGNABLE (l'objectif est réalisable - l'individu n'est pas voué à l'échec)

REALISTE (c'est un objectif pour lequel vous êtes à la fois désireux et capable de travailler)

CONSCIENT DU TEMPS (il y a un début, un milieu et une fin).

Vous serez en mesure de répondre à la question suivante : "Comment concevoir un plan de coaching des employés pour la rédaction d'une lettre?"

# CONCLUSION.

On attend toujours d'un manager efficace et performant qu'il soit un excellent coach. À bien des égards, le coaching consiste à faciliter le côté humain du travail. Un coaching efficace contribue au développement des individus. Cela implique beaucoup de questions et de collaboration.

Il est important de développer de solides relations interpersonnelles avec les employés, ce que font les managers efficaces. De plus, ils fournissent des commentaires constructifs sur les comportements, toujours avec une intention positive.

Les managers efficaces utilisent l'art du questionnement pour aider leurs employés dans leur apprentissage. Enfin, l'accompagnement du développement de carrière peut être très bénéfique et important.

Un bon manager s'informera des passions de ses employés et de leurs nouveaux rôles potentiels. En conséquence, les managers et les employés peuvent collaborer pour planifier les prochaines étapes et offrir des opportunités de contribuer à de nouveaux domaines d'intérêt.

Les managers s'empressent souvent de fournir des évaluations plutôt que des retours positifs. L'évaluation ne sert qu'à renforcer la relation bien comprise entre le manager et son subordonné.

Cependant, le retour d'information fourni dans le contexte approprié et au moment opportun apprend aux gens que le retour d'information est une information et non un jugement de valeur. Gardez à l'esprit que le feedback doit être cohérent et positif.

En outre, poser des questions est une excellente méthode pour susciter la compréhension. Les meilleurs managers sont constamment à la recherche de moyens de relier le feedback au comportement et aux résultats de l'entreprise.

Les meilleurs managers sont compatissants et déterminés. Ils sont d'excellents communicateurs et auditeurs.

Les meilleurs managers sont constamment à l'affût des possibilités de coaching et fournissent un feedback formel et informel.

Par-dessus tout, les meilleurs managers partagent la responsabilité du changement de comportement. Les meilleurs managers développent des relations de collaboration avec leurs clients, ce qui profite à tous ! Le management et le coaching sont tous deux nécessaires et, lorsqu'ils sont utilisés de manière appropriée, ils produisent les meilleurs résultats tant pour les individus que pour les organisations !

Au quotidien, soyez conscient des distinctions et assurez-vous d'incorporer les deux dans vos activités quotidiennes en tant que manager.

Êtes-vous prêt à faire un changement ? Bonne chance!

www.ingramcontent.com/pod-product-compliance
Lightning Source LLC
Chambersburg PA
CBHW070120230526
45472CB00004B/1352